AF201413

Impressum
Verlag: BABADADA GmbH, Nedderfeld 112 , 22529 Hamburg
Geschäftsführer / Verlagsleitung: Harald Hof
Druck: Books on Demand GmbH, In de Tarpen 42, 22848 Norderstedt

Imprint
Publisher: BABADADA GmbH, Nedderfeld 112 , 22529 Hamburg, Germany
Managing Director / Publishing direction: Harald Hof
Print: Books on Demand GmbH, In de Tarpen 42, 22848 Norderstedt

学校

colegio

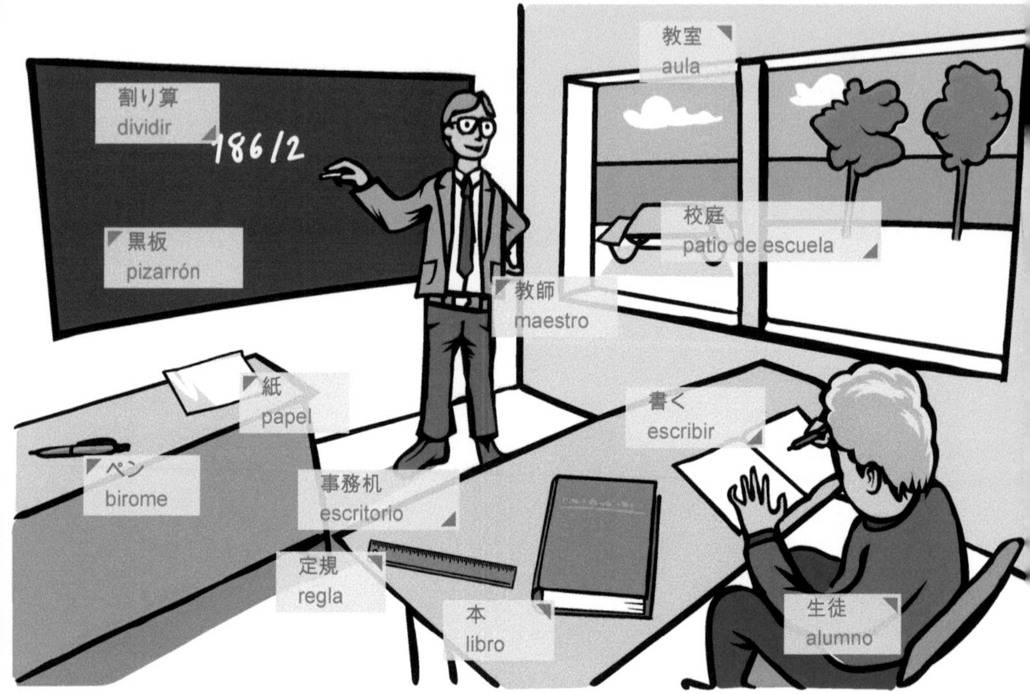

教室
aula
割り算
dividir
186/2
黒板
pizarrón
校庭
patio de escuela
教師
maestro
紙
papel
書く
escribir
ペン
birome
事務机
escritorio
定規
regla
本
libro
生徒
alumno

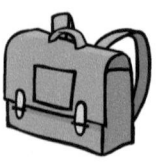

ランドセル

mochila

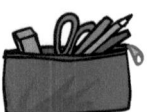

筆入れ

caja de lápices

鉛筆

lápiz

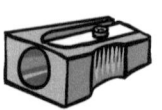

鉛筆削り

sacapuntas

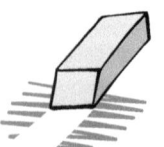

消しゴム

goma (de borrar)

スケッチブック

bloc de dibujo

スケッチ

dibujo

絵筆

pincel

絵の具箱

caja de pinturas

はさみ

tijera

接着剤

pegamento

練習帳

cuaderno de ejercicios

宿題

tarea

12

数

número

2+2

足し算

sumar

5-2

引き算

restar

2×2

かけ算

multiplicar

計算する

calcular

A

文字

letra

ABCDEFG
HIJKLMN
OPQRSTU
VWXYZ

アルファベット

abecedario

単語

palabra

テキスト

texto

読む

leer

チョーク

tiza

授業

lección

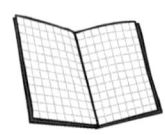

学級日誌

cuaderno de clase

試験

examen

通知表

certificado

制服

uniforme escolar

教育

educación

百科事典

enciclopedia

大学

universidad

顕微鏡

microscopio

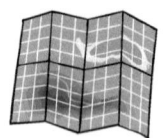

地図

mapa

ごみ箱

tacho (de basura)

旅行

viaje

ホテル
hotel
Grand
ホステル
hostel
ROOMS
両替所
casa de cambio
CHANGE
スーツケース
valija
自動車
auto

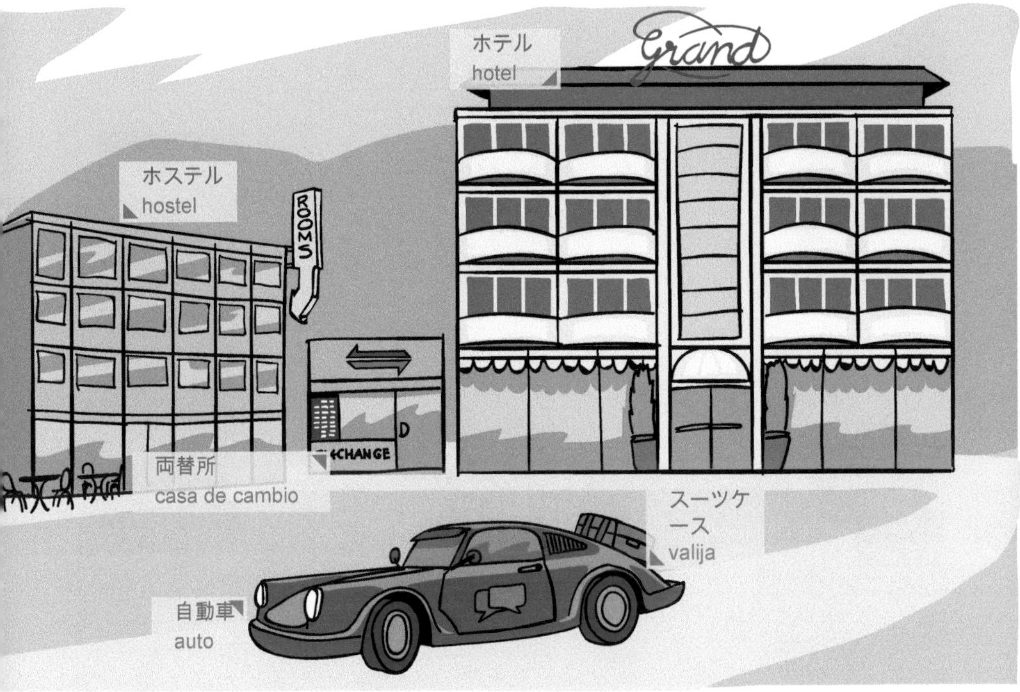

言語

idioma

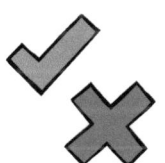

はい / いいえ

sí / no

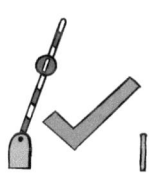

問題ない

Está bien

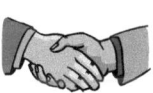

ハロー

hola

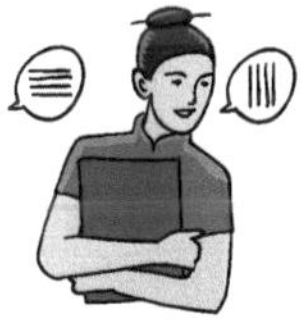

翻訳者

traductor

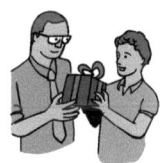

ありがとう

Gracias

…はいくらですか？

¿cuánto cuesta…?

わかりません

No entiendo

問題

problema

こんばんは！

¡Buenas tardes!

おはようございます！

¡Buenos días!

おやすみなさい！

¡Buenas noches!

さようなら

adiós

方向

dirección

手荷物

equipaje

バッグ

bolso

リュックサック

mochila

お客様

invitado

部屋

habitación

寝袋

bolsa de dormir

テント

carpa

旅行者情報

información turística

ビーチ

playa

クレジットカード

tarjeta de crédito

朝食

desayuno

昼食

almuerzo

夕食

cena

チケット

pasaje

エレベーター

ascensor

スタンプ

sello

境界

frontera

税関

aduana

embajada

大使館

ビザ

visa

パスポート

pasaporte

輸送
transporte

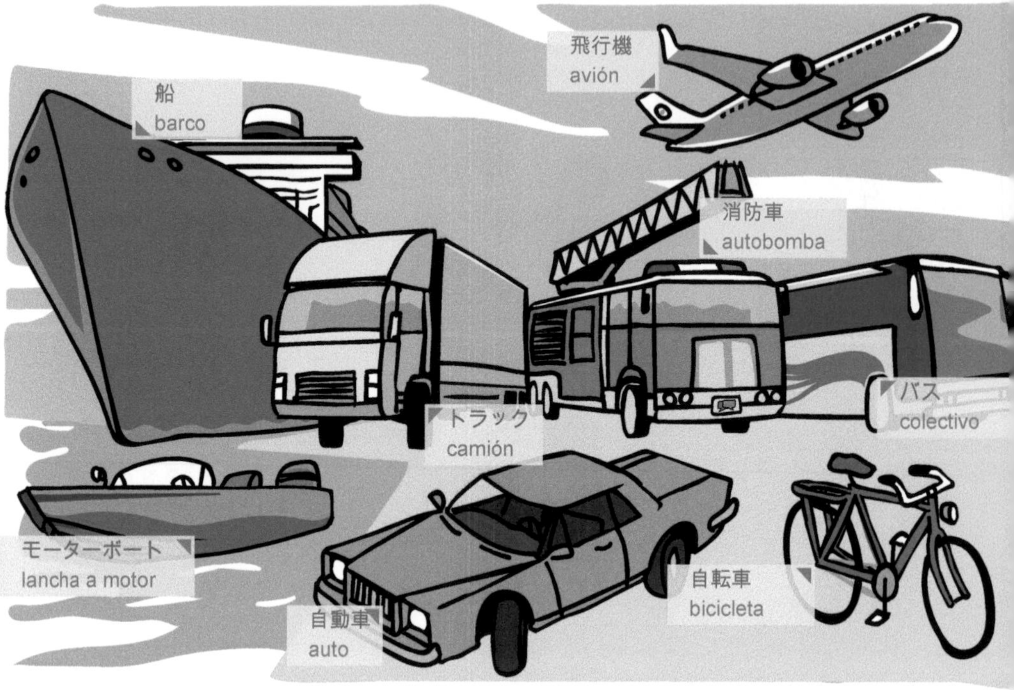

飛行機
avión
船
barco
消防車
autobomba
トラック
camión
バス
colectivo
モーターボート
lancha a motor
自転車
bicicleta
自動車
auto

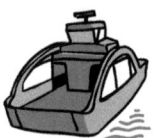

フェリー

ferry

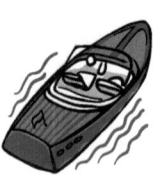

ボート

bote

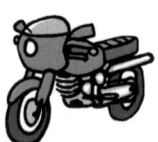

バイク

moto

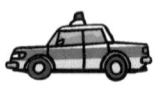

パトカー

patrullero

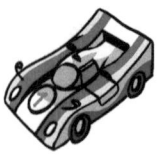

レーシングカー

auto de carreras

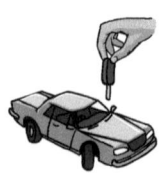

レンタカー

auto de alquiler

カーシェアリング

alquiler de autos

レッカー車

grúa

ごみ収集車

camión de basura

モーター

motor

燃料

nafta

ガソリンスタンド

estación de servicio

交通標識

señal de tránsito

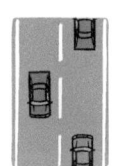

交通

tránsito

渋滞

embotellamiento

駐車場

estacionamiento

駅

estación de tren

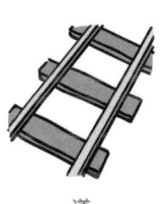

道

vías

列車

tren

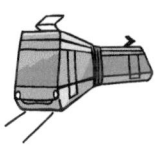

路面電車

tranvía

車両

vagón

ヘリコプター

helicóptero

空港

aeropuerto

タワー

torre

乗客

pasajero

コンテナ

contenedor

段ボール箱

caja de cartón

カート

carretilla

カゴ

canasta

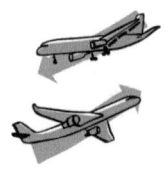

離陸 / 着陸

despegar / aterrizar

都市
ciudad

村

pueblo

都心

centro de ciudad

家

casa

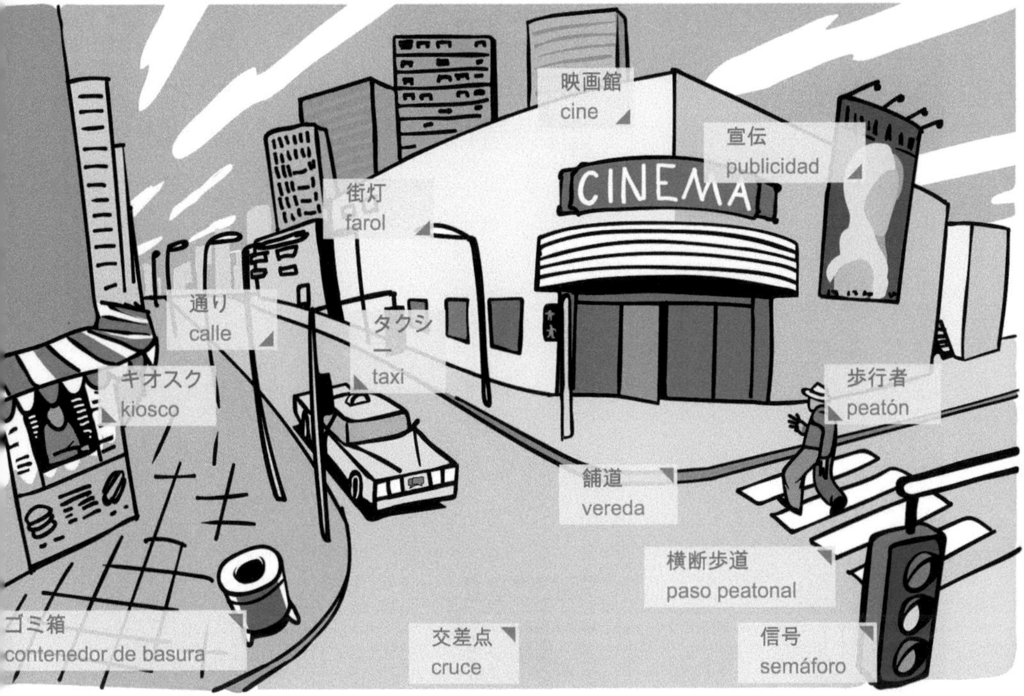

映画館
cine
宣伝
publicidad
CINEMA
街灯
farol
通り
calle
タクシー
taxi
キオスク
kiosco
歩行者
peatón
舗道
vereda
横断歩道
paso peatonal
ゴミ箱
contenedor de basura
交差点
cruce
信号
semáforo

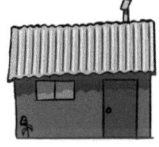

小屋

cabaña

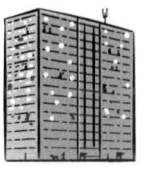

アパート

departamento

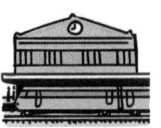

駅

estación de tren

市役所

municipalidad

MUSEUM

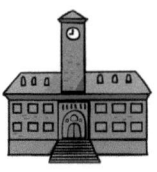

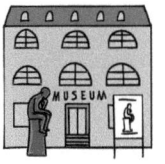

美術館

museo

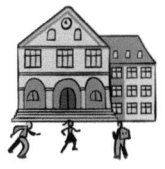

学校

colegio

大学

universidad

銀行

banco

病院

hospital

ホテル

hotel

薬局

farmacia

オフィス

oficina

書店

librería

ショップ

negocio

花屋

florería

スーパーマーケット

supermercado

市場

mercado

デパート

grandes tiendas

魚屋

pescadería

ショッピングセンター

centro comercial

港

puerto

公園

parque

ベンチ

banco

橋

puente

階段

escaleras

地下鉄

subte

トンネル

túnel

バス停

parada del colectivo

バー

bar

レストラン

restaurante

ポスト

buzón

道路標識

letrero

パーキングメーター

parquímetro

動物園

zoológico

スイミングプール

pileta

モスク

mezquita

農場

granja

汚染

contaminación

墓地

cementerio

教会

iglesia

遊び場

juegos infantiles

寺

templo

風景

paisaje

葉
hoja

道標
poste indicador

道
camino

草地
pradera

石
piedra

木
árbol

ハイカー
excursionista

川
río

草
hierba

花
flor

谷
valle

山
montaña

湖
lago

森
bosque

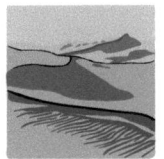

砂漠
desierto

火山
volcán

城
castillo

虹
arco iris

キノコ
champiñón

ヤシの木
palmera

蚊
mosquito

ハエ
mosca

蟻
hormiga

ミツバチ
abeja

クモ
araña

カブトムシ

escarabajo

蛙

rana

リス

ardilla

ハリネズミ

erizo

ウサギ

liebre

フクロウ

lechuza

鳥

pájaro

白鳥

cisne

雄豚

jabalí

鹿

ciervo

ヘラジカ

alce

ダム

presa

風力タービン

aerogenerador

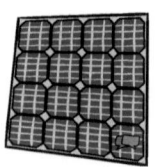

ソーラーパネル

panel solar

気候

clima

レストラン
restaurante

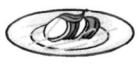

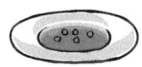

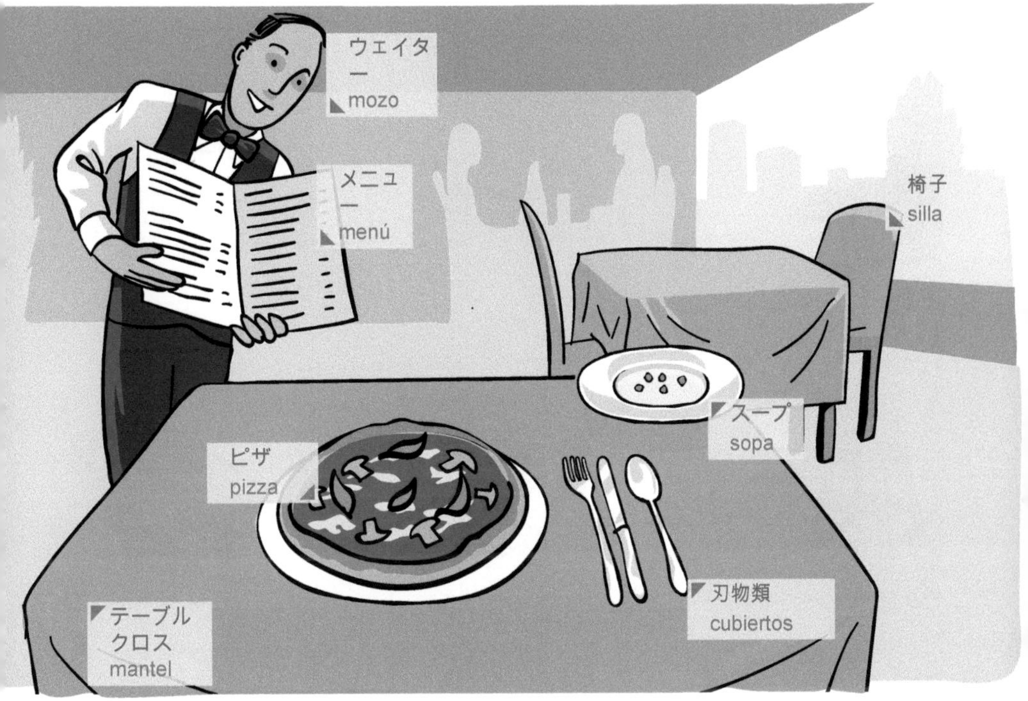

ウェイター
mozo
メニュー
menú
椅子
silla
スープ
sopa
ピザ
pizza
刃物類
cubiertos
テーブルクロス
mantel

前菜
entrada

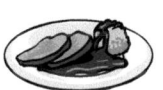

メインコース
plato principal

デザート
postre

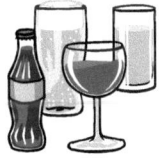

飲み物
bebidas

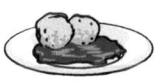

食べ物
comida

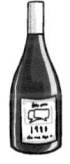

ボトル
botella

ファストフード

comida rápida

屋台の食べ物

comida callejera

ティーポット

tetera

砂糖入れ

azucarera

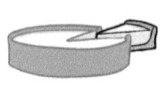

一人前

porción

エスプレッソマシン

cafetera expreso

幼児用食事椅子

sillita alta

請求書

cuenta

トレー

bandeja

ナイフ

cuchillo

フォーク

tenedor

スプーン

cuchara

ティースプーン

cucharita

ナプキン

servilleta

グラス

vaso

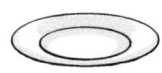

皿

plato

スープ皿

plato hondo

受け皿

plato

ソース

salsa

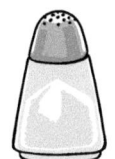

塩入れ

salero

ペッパーミル

molinillo de pimienta

酢

vinagre

油

aceite

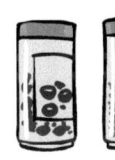

スパイス

especias

ケチャップ

kétchup

マスタード

mostaza

マヨネーズ

mayonesa

スーパーマーケット

supermercado

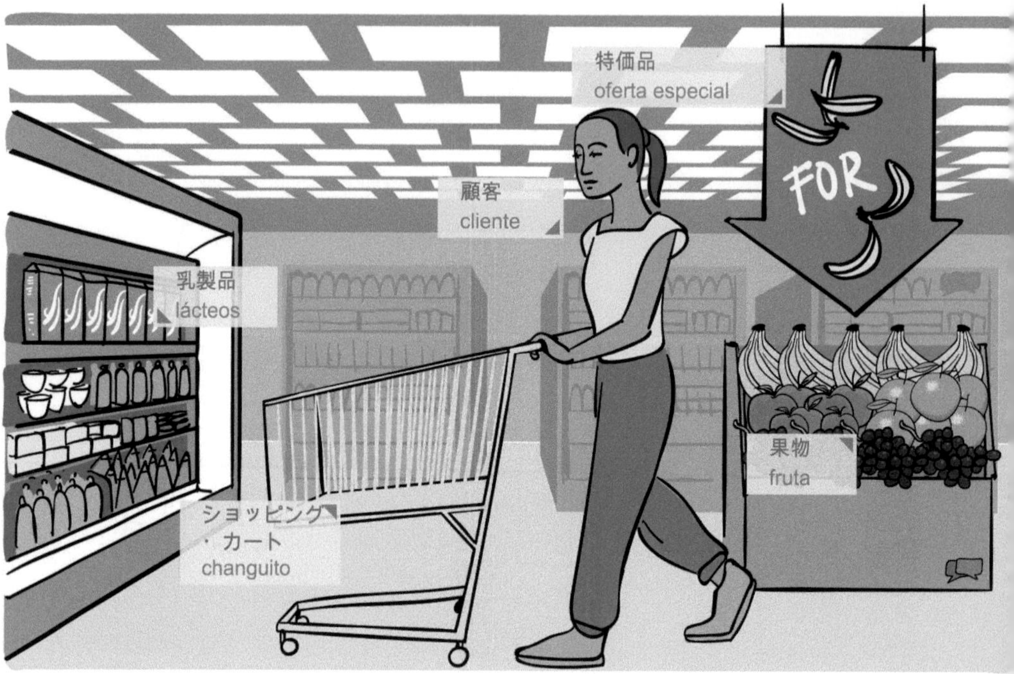

特価品
oferta especial
FOR
顧客
cliente
乳製品
lácteos
果物
fruta
ショッピング
・カート
changuito

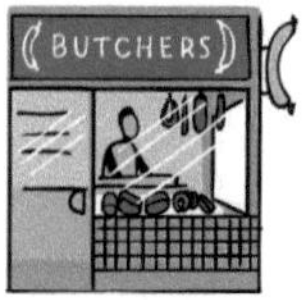

BUTCHERS

肉屋

carnicería

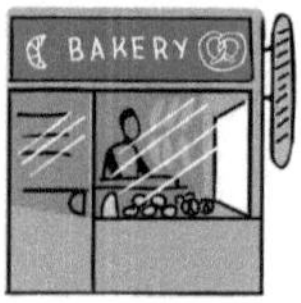

BAKERY

パン屋

panadería

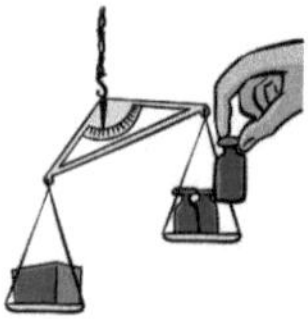

重さをはかる

pesar

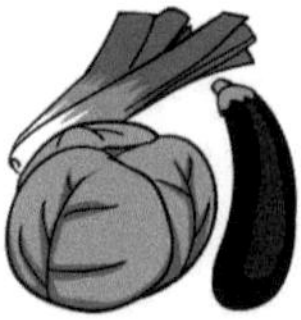

野菜

verduras

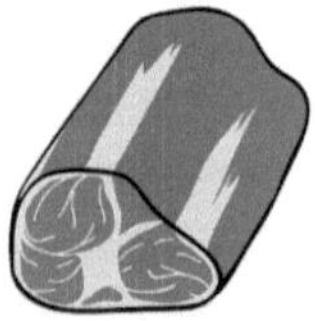

肉

carne

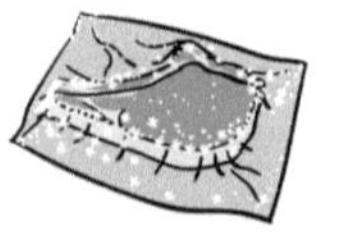

冷凍食品

alimentos congelados

冷肉の薄切り
fiambres

缶詰食品
alimentos enlatados

洗剤
detergente en polvo

菓子
golosinas

家庭用品
electrodomésticos

清掃用品
productos de limpieza

販売員
vendedora

現金箱
caja

レジ係
cajero

買い物リスト
lista de compras

開館時刻
horario de atención

財布
billetera

クレジットカード
tarjeta de crédito

バッグ
cartera

ポリ袋
bolsa de plástico

飲み物
bebidas

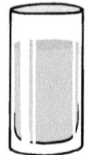

水

agua

ジュース

jugo

牛乳

leche

コーラ

bebida cola

ワイン

vino

ビール

cerveza

アルコール

alcohol

ココア

cacao

紅茶

té

コーヒー

café

エスプレッソ

café expreso

カプチーノ

cappuccino

バナナ

banana

リンゴ

manzana

オレンジ

naranja

メロン

melón

レモン

limón

ニンジン

zanahoria

ニンニク

ajo

竹

bambú

玉ねぎ

cebolla

キノコ

champiñón

ナッツ

nueces

ヌードル

fideos

スパゲッティ

tallarines

米

arroz

サラダ

ensalada

フライドポテト

papas fritas

フライドポテト

papas fritas

ピザ

pizza

ハンバーガー

hamburguesa

サンドウィッチ

sándwich

カツレツ

churrasco

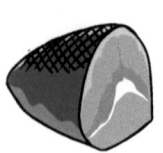

ハム

jamón

サラミ

salame

ソーセージ

salchicha

鶏肉

pollo

焼き

asado

魚

pescado

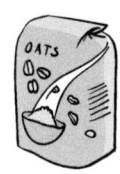

麦のお粥

copos de avena

ムーズリ

muesli

コーンフレーク

copos de maíz

小麦粉

harina

クロワッサン

medialuna

ロールパン

pancito

パン

pan

トースト

tostada

ビスケット

galletitas

バター

manteca

カッテージチーズ

cuajada

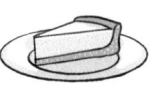

ケーキ

torta

卵

huevo

目玉焼き

huevo frito

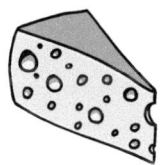

チーズ

queso

アイスクリーム

helado

砂糖

azúcar

はちみつ

miel

ジャム

mermelada

ヌガークリーム

pasta de chocolate

カレー

curry

農場

granja

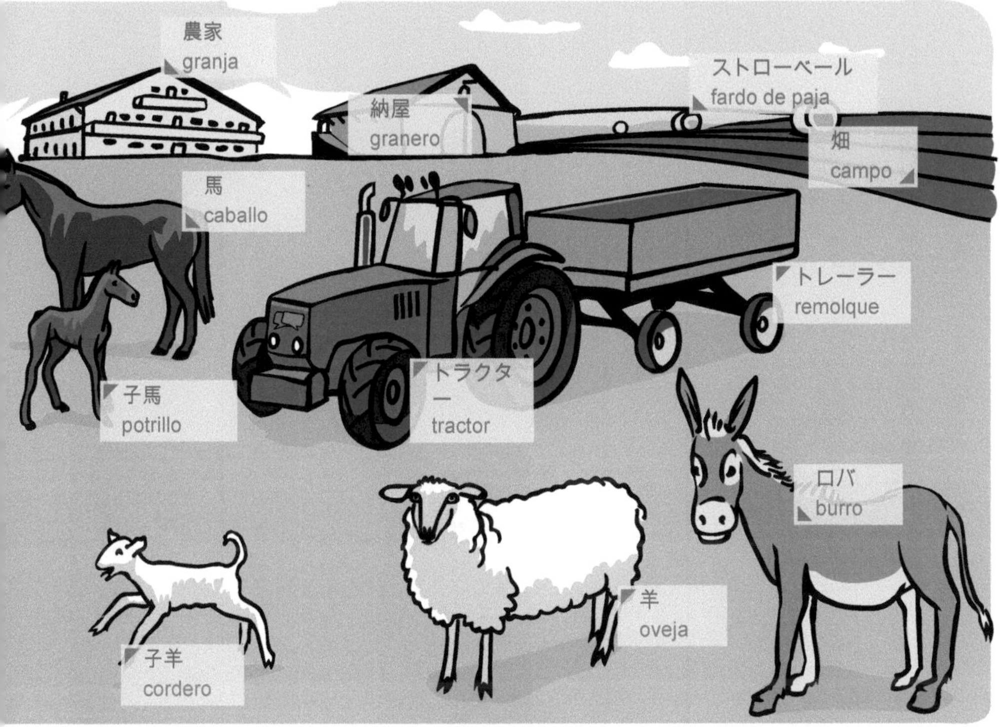

農家
granja
納屋
granero
ストローベール
fardo de paja
畑
campo
馬
caballo
トレーラー
remolque
子馬
potrillo
トラクター
tractor
ロバ
burro
羊
oveja
子羊
cordero

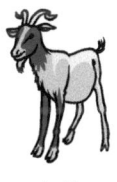

ヤギ

cabra

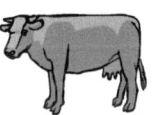

雌牛

vaca

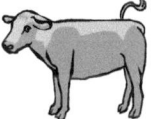

子牛

ternero

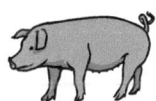

豚

cerdo

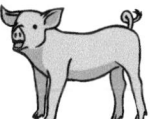

子豚

lechón

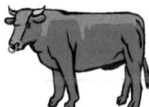

雄牛

toro

ガチョウ

ganso

アヒル

pato

ひよこ

pollo

にわとり

gallina

おんどり

gallo

ネズミ

rata

猫

gato

ねずみ

ratón

雄牛

buey

犬

perro

犬小屋

cucha

散水ホース

manguera

じょうろ

regadera

大鎌

guadaña

すき

arado

草刈り鎌

hoz

くわ

azada

堆肥用フォーク

horquilla

斧

hacha

手押し車

carretilla

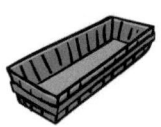

かいばおけ

abrevadero

牛乳缶

lechera

袋

bolsa

フェンス

reja

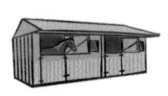

畜舎

establo

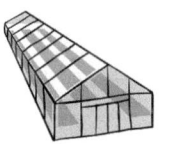

温室

invernadero

土壌

suelo

種

semilla

肥料

fertilizador

コンバイン

cosechadora

収穫する

cosechar

収穫

cosecha

ヤマイモ

batatas

小麦

trigo

大豆

soja

じゃがいも

papa

トウモロコシ

maíz

菜種

semilla de colza

果樹

árbol frutal

キャッサバ

mandioca

穀物

cereales

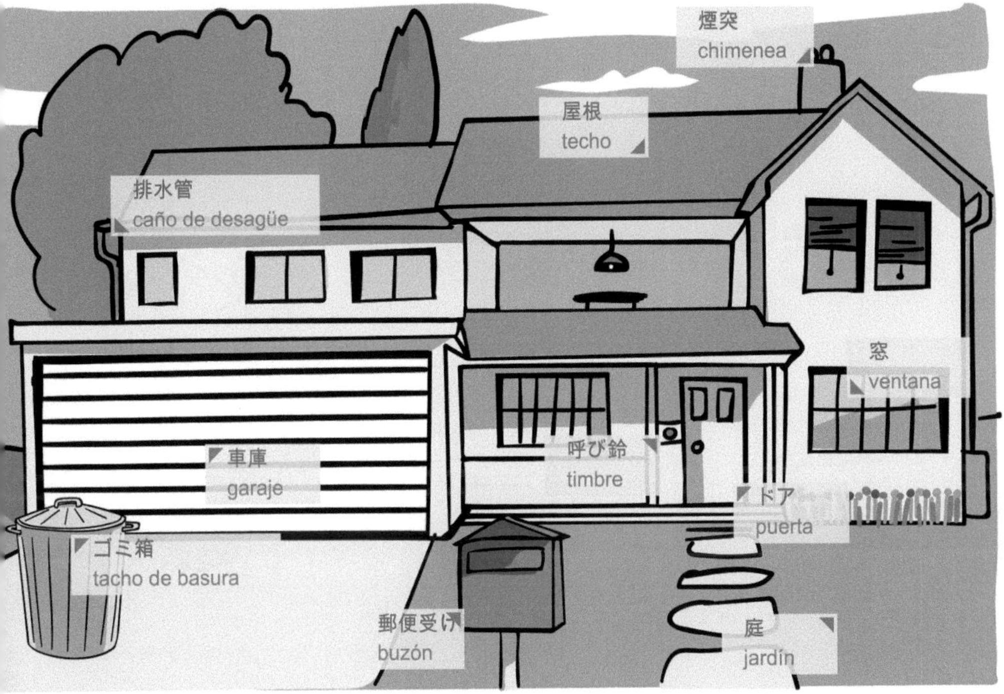

casa

煙突
chimenea

屋根
techo

排水管
caño de desagüe

窓
ventana

車庫
garaje

呼び鈴
timbre

ドア
puerta

ゴミ箱
tacho de basura

郵便受け
buzón

庭
jardín

リビングルーム

living

浴室

baño

台所

cocina

寝室

dormitorio

子供部屋

cuarto de los chicos

ダイニング・ルーム

comedor

家 - casa

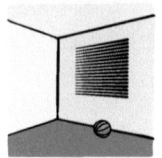

床

piso

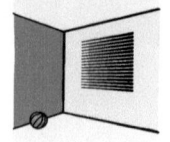

壁

pared

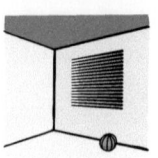

天井

cielorraso

地下貯蔵庫

sótano

サウナ

sauna

バルコニー

balcón

テラス

terraza

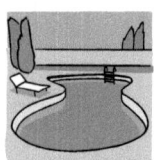

プール

pileta

芝刈り機

cortadora de pasto

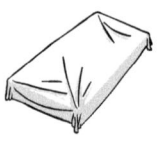

シーツ

sábana

ベッドカバー

acolchado

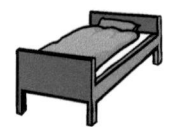

ベッド

cama

ほうき

escoba

バケツ

balde

スイッチ

interruptor

リビングルーム
living

壁紙
empapelado
絵
imagen
ランプ
lámpara
棚
estante
食器棚
armario
テレビ
televisión
暖炉
chimenea
花
flor
クッション
almohadón
ソファ
sofá
花瓶
florero
リモコン
control remoto

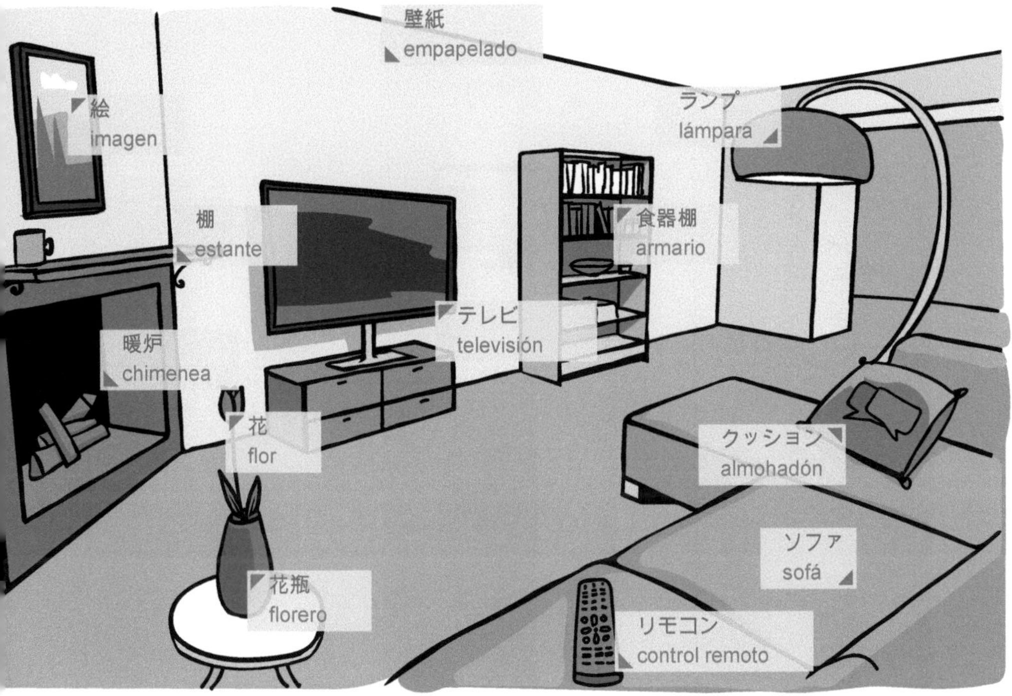

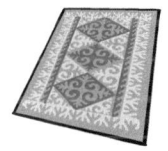

カーペット

alfombra

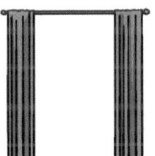

カーテン

cortina

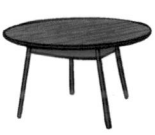

テーブル

mesa

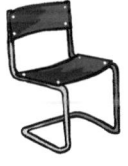

椅子

silla

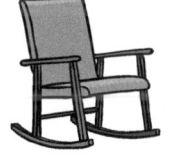

ロッキングチェア

mecedora

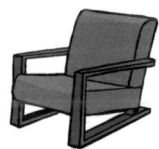

ひじ掛け椅子

sillón

本
libro

毛布
frazada

飾り
decoración

たきぎ
leña

映画
película

ステレオ
equipo de música

鍵
llave

新聞
diario

絵画
pintura

ポスター
póster

ラジオ
radio

メモ帳
cuaderno

掃除機
aspiradora

サボテン
cactus

ろうそく
vela

台所
cocina

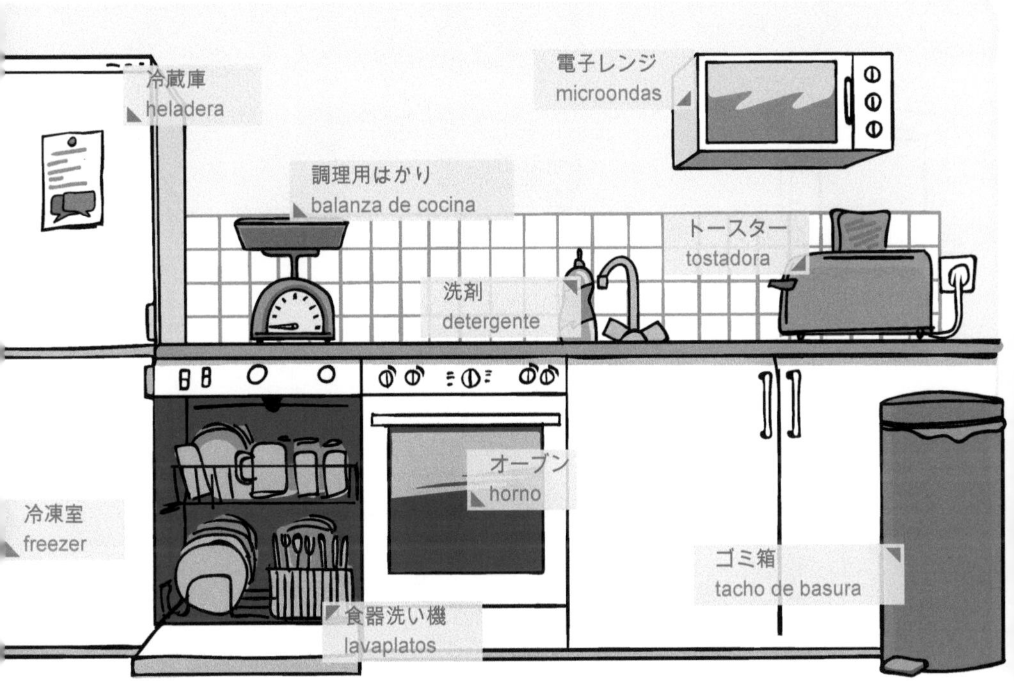

冷蔵庫
heladera
電子レンジ
microondas
調理用はかり
balanza de cocina
トースター
tostadora
洗剤
detergente
オーブン
horno
冷凍室
freezer
ゴミ箱
tacho de basura
食器洗い機
lavaplatos

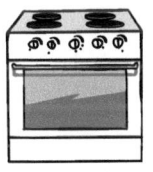

こんろ

cocina

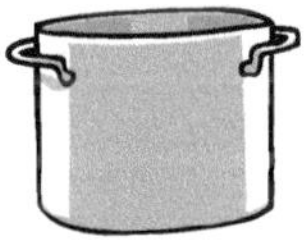

鍋

olla

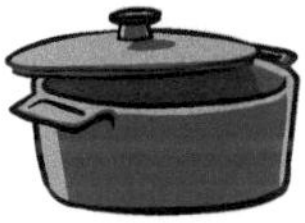

鉄鍋

olla de hierro fundido

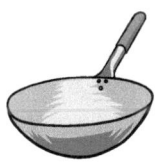

中華鍋/ カダイ鍋

wok

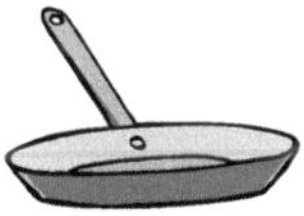

フライパン

sartén

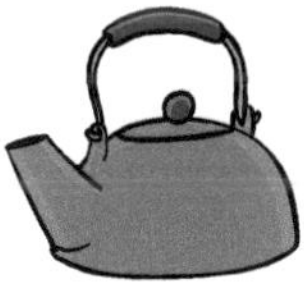

やかん

pava

蒸し器

vaporera

天板

bandeja de horno

食器

vajilla

マグカップ

taza

ボウル

bol

箸

palitos

おたま

cucharón

へら

estpátula

泡立て器

batidora

こし器

colador

ふるい

colador

すりおろし器

rallador

すり鉢

mortero

バーベキュー

parrilla

かまど

fogata

まな板

tabla de picar

麺棒

palo de amasar

栓抜き

sacacorchos

缶

lata

缶切り

abrelatas

鍋つかみ

manopla

流し

pileta

ブラシ

cepillo

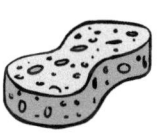

スポンジ

esponja

ミキサー

batidora

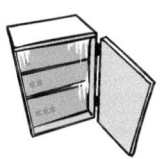

冷凍庫

congelador

哺乳瓶

mamadera

蛇口

canilla

ヒーター
calefacción

シャワー
ducha

タオル
toalla

シャワーカーテン
cortina de ducha

泡風呂
baño de espuma

浴槽
bañadera

グラス
vaso

洗濯機
lavarropas

タイル
baldosas

蛇口
canilla

おまる
pelela

流し
pileta

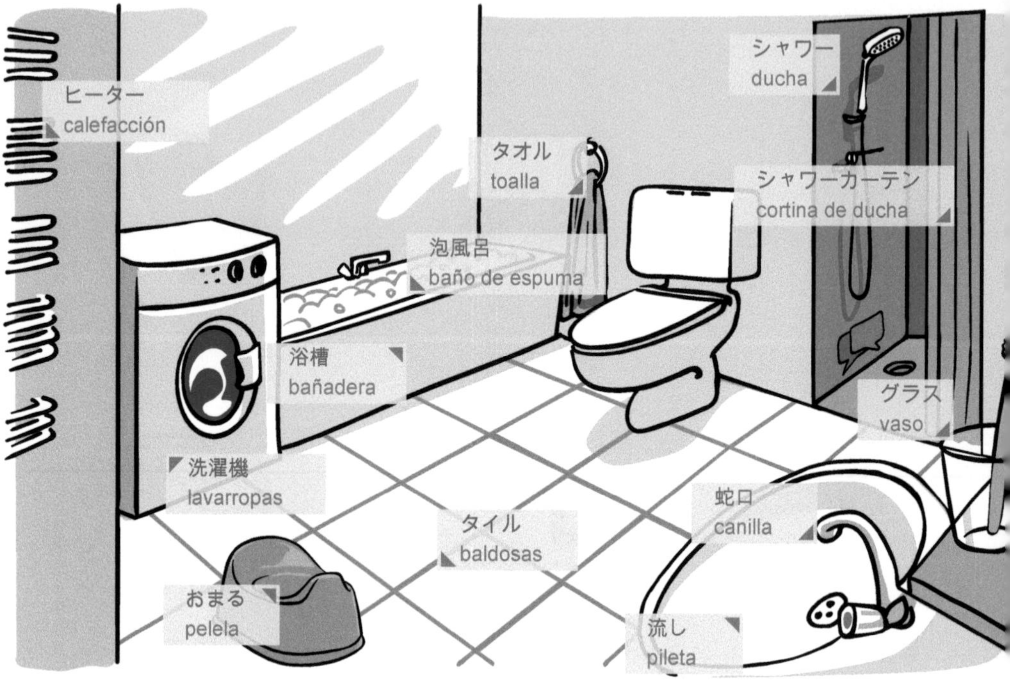

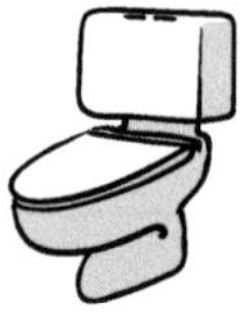

トイレ
inodoro

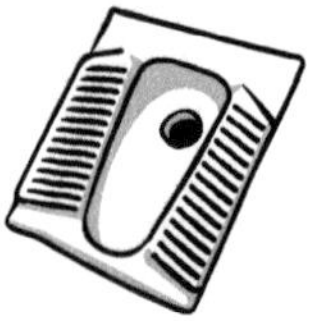

和式トイレ
letrina

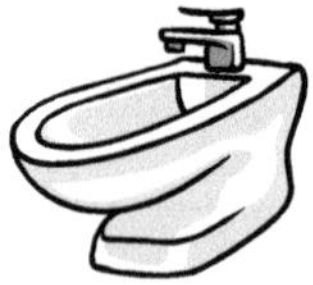

ビデ
bidé

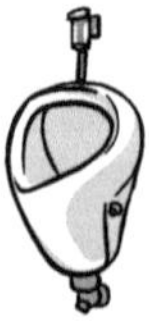

小便器
mingitorio

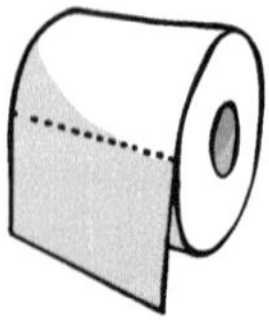

トイレットペーパー
papel higiénico

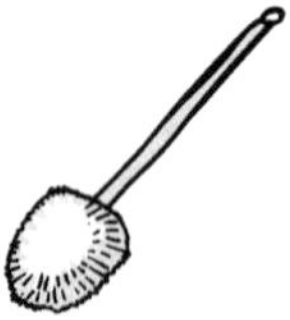

トイレブラシ
cepillo para el inodoro

歯ブラシ

cepillo de dientes

歯みがき

dentífrico

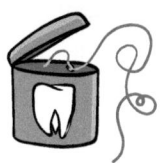

デンタルフロス

hilo dental

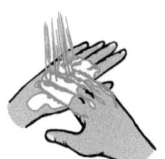

洗う

lavar

シャワーヘッド

ducha de mano

ハンドビデ

ducha higiénica

洗面台

palangana

ボディブラシ

cepillo para espalda

石鹸

jabón

シャワー用ジェル

gel de ducha

シャンプー

shampoo

浴用タオル

toallita

排水口

desagüe

クリーム

crema

消臭

desodorante

鏡
espejo

手鏡
espejito

かみそり
maquinita de afeitar

シェービング・フォーム
espuma de afeitar

アフターシェーブローショ
ン
aftershave

櫛
peine

ブラシ
cepillo

ドライヤー
secador de pelo

ヘアスプレー
spray

化粧
maquillaje

口紅
lápiz de labios

マニキュア
esmalte para uñas

脱脂綿
algodón

爪切り
tijera para uñas

香水
perfume

洗面用具入れ

portacosméticos

スツール

banqueta

体重計

balanza

バスローブ

bata

ゴム手袋

guantes de goma

タンポン

tampón

生理用ナプキン

toallita femenina

ケミカルトイレ

baño químico

子供部屋

cuarto de los chicos

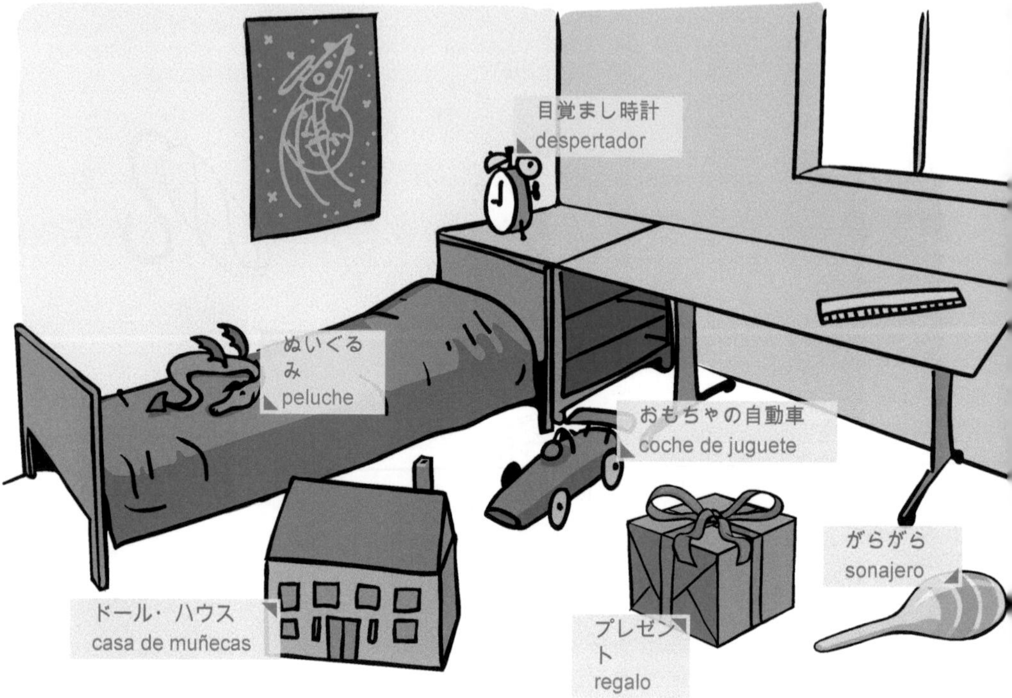

目覚まし時計
despertador
ぬいぐるみ
peluche
おもちゃの自動車
coche de juguete
がらがら
sonajero
ドール・ハウス
casa de muñecas
プレゼント
regalo

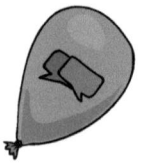

風船

globo

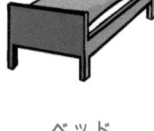

ベッド

cama

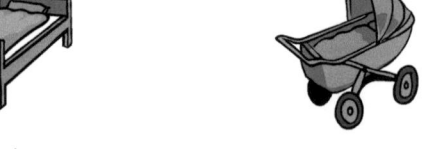

ベビーカー

cochecito

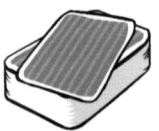

カードゲーム

cartas

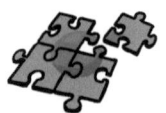

ジグソーパズル

rompecabezas

漫画

historieta

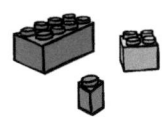

レゴ

piezas de lego

玩具ブロック

ladrillos de juguete

アクションフィギュア

figura de acción

ロンパース

enterito (de bebé)

フリスビー

frisbee

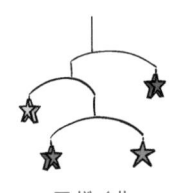

モバイル

móvil para bebés

ボードゲーム

juego de mesa

さいころ

dados

鉄道模型

tren eléctrico

おしゃぶり

chupete

パーティー

fiesta

絵本

libro de cuentos ilustrado

ボール

pelota

人形

muñeca

遊ぶ

jugar

砂場

arenero

ブランコ

hamaca

おもちゃ

juguetes

ゲーム機

consola de videojuegos

三輪車

triciclo

テディベア

osito de peluche

衣装ダンス

armario

衣服

ropa

靴下

medias

ストッキング

medias panty

タイツ

calzas

スカーフ
bufanda

雨傘
paraguas

Tシャツ
remera

ベルト
cinturón

ブーツ
botas

スリッパ
pantuflas

スニーカー
zapatillas

サンダル
....
sandalias

靴
....
zapatos

ゴム長靴
....
botas de goma

パンツ
....
ropa interior

ブラ
....
corpiño

ベスト
....
chaleco

衣服 - ropa

ボディースーツ

body

ズボン

pantalones

ジーンズ

jeans

スカート

pollera

ブラウス

blusa

シャツ

camisa

セーター

pulóver

パーカー

buzo

ブレザー

blazer

ジャケット

campera

コート

tapado

レインコート

piloto

服装

traje

ドレス

vestido

ウェディングドレス

vestido de novia

スーツ

traje

ナイトガウン

camisón

パジャマ

pijama

サリー

sari

ヘッドスカーフ

pañuelo para cabeza

ターバン

turbante

ブルカ

burka

カフタン

caftán

アバヤ

abaya

水着

traje de baño

トランクス

short de baño

半ズボン

shorts

スウェットスーツ

jogging

エプロン

delantal

手袋

guantes

ボタン

botón

メガネ

anteojos

ブレスレット

pulsera

ネックレス

collar

指輪

anillo

イヤリング

aro

帽子

gorra

ハンガー

percha

帽子

sombrero

ネクタイ

corbata

ファスナー

cierre

ヘルメット

casco

サスペンダー

tiradores

制服

uniforme escolar

ユニフォーム

uniforme

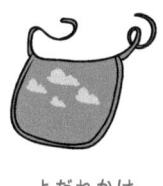

よだれかけ

babero

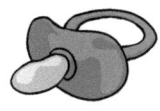

おしゃぶり

chupete

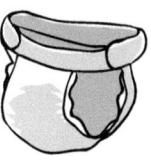

おむつ

pañal

オフィス

oficina

サーバ
servidor
書類キャビネット
archivero
プリンター
impresora
紙
papel
モニター
monitor
マウス
mouse
事務机
escritorio
フォルダー
carpeta
キーボード
teclado
ごみ箱
tacho (de basura)
コンピューター
computadora
椅子
silla

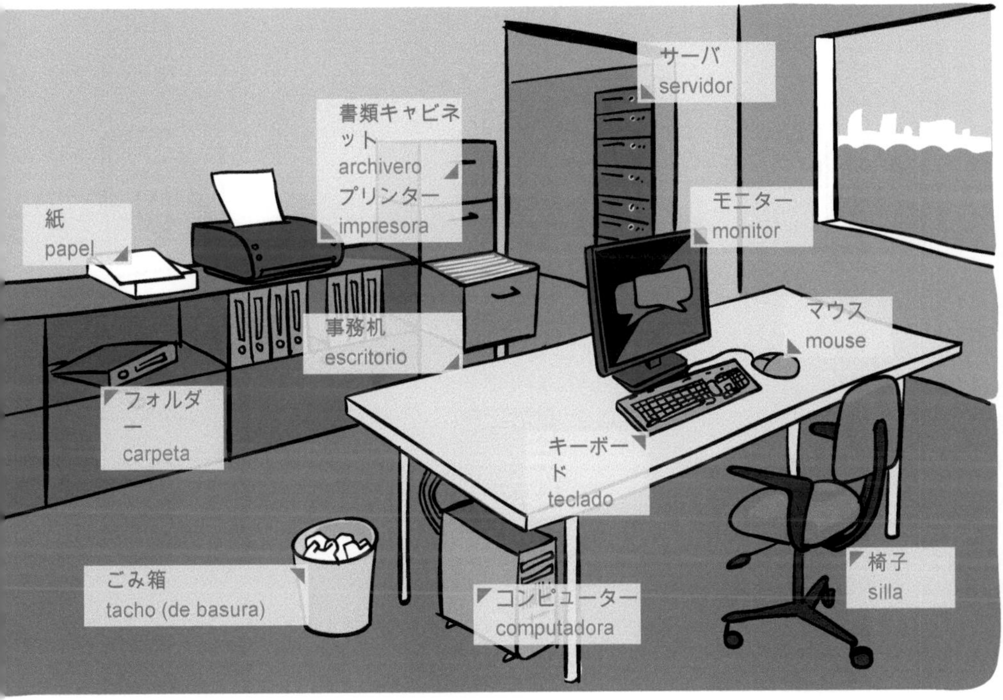

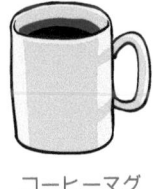

コーヒーマグ

taza de café

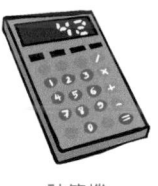

計算機

calculadora

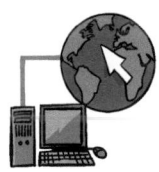

インターネット

internet

ラップトップ

laptop

手紙

carta

メッセージ

mensaje

携帯電話

celular

ネットワーク

red

コピー機

fotocopiadora

ソフトウェア

software

電話

teléfono

コンセント

tomacorriente

ファックス

fax

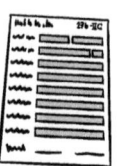

フォーム

formulario

書類

documento

買う

comprar

支払う

pagar

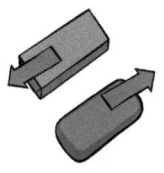

取引する

hacer negocios

お金

dinero

ドル

dólar

ユーロ

euro

円

yen

ルーブル

rublo

スイスフラン

franco suizo

人民元

yuan

ルピー

rupia

キャッシュポイント

cajero automático

両替所

casa de cambio

金

oro

銀

plata

油

petróleo

エネルギー

energía

価格

precio

契約

contrato

税金

impuesto

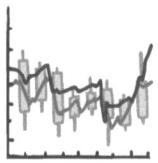

株

acción

働く

trabajar

従業員

empleado

雇用主

empleador

工場

fábrica

ショップ

negocio

警察官
policía

消防士
bombero

コック
cocinero

医師
médico

パイロット
piloto

庭師

jardinero

大工

carpintero

お針子

modista

裁判官

juez

化学者

farmacéutico

俳優

actor

バスの運転手

colectivero

タクシー運転手

taxista

漁師

pescador

掃除婦

mucama

屋根ふき職人

techista

ウェイター

mozo

ハンター

cazador

塗装工

pintor

パン屋

panadero

電気工

electricista

建設作業員

albañil

エンジニア

ingeniero

肉屋

carnicero

配管工

plomero

郵便配達人

cartero

軍人
soldado

建築家
arquitecto

レジ係
cajero

花屋
florista

美容師
peluquero

車掌
cobrador

機械工
mecánico

キャプテン
capitán

歯科医
dentista

科学者
científico

ラビ
rabino

イスラム導師
imán

修道士
monje

牧師
sacerdote

職業 - ocupaciones

道具

herramientas

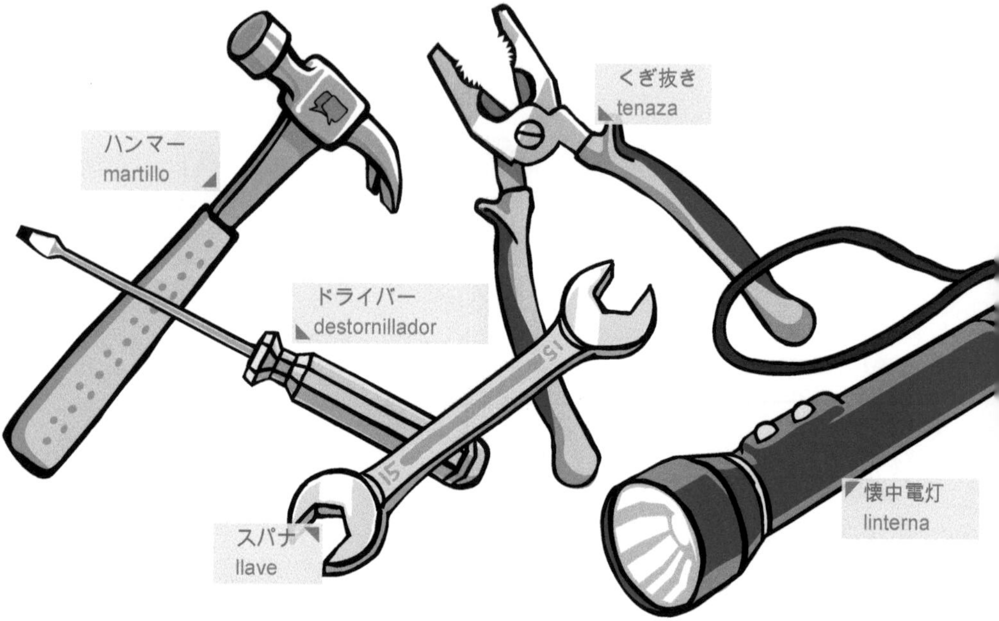

ハンマー
martillo

くぎ抜き
tenaza

ドライバー
destornillador

スパナ
llave

懐中電灯
linterna

掘削機
excavadora

道具箱
caja de herramientas

はしご
escalera portátil

のこぎり
sierra

釘
clavos

ドリル
taladro

修理する

arreglar

シャベル

pala de jardín

クソ！

¡Qué bronca!

ちりとり

pala de plástico

ペンキ缶

tacho de pintura

ネジ

tornillos

楽器

instrumentos musicales

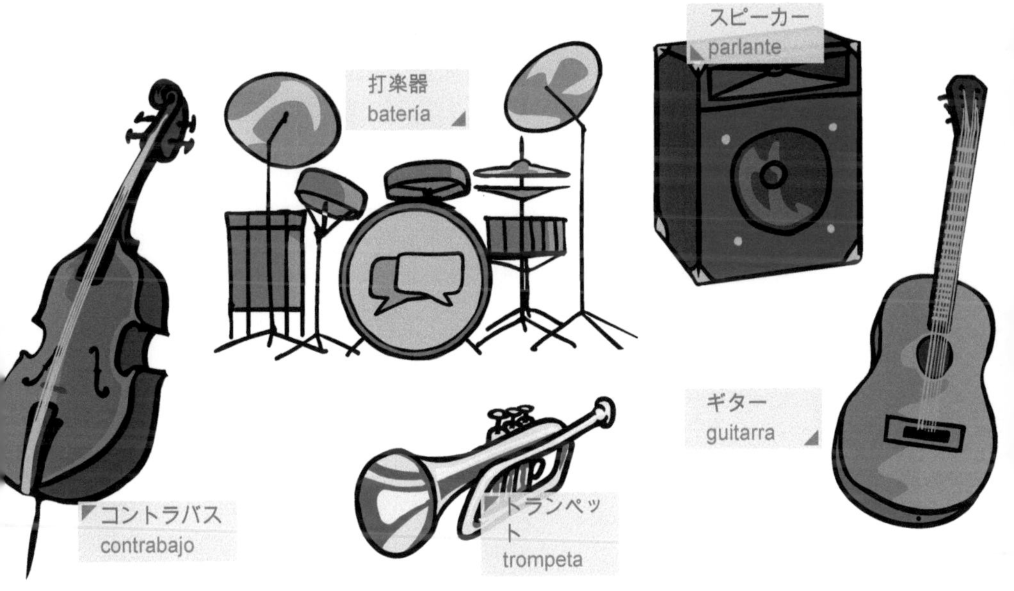

スピーカー
parlante

打楽器
batería

ギター
guitarra

コントラバス
contrabajo

トランペット
trompeta

ピアノ

piano

バイオリン

violín

バス

bajo

ティンパニ

timbales

ドラム

tambor

キーボード

teclado

サックス

saxofón

フルート

flauta

マイクロフォン

micrófono

動物園

zoológico

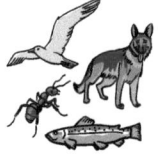

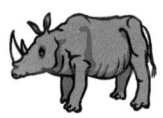

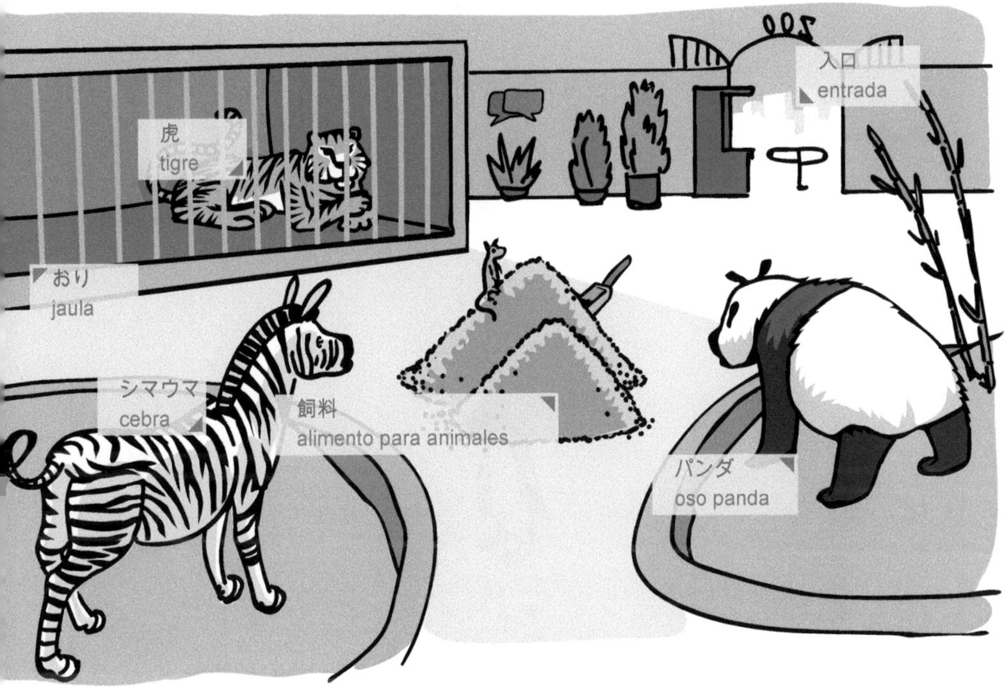

入口
entrada
虎
tigre
おり
jaula
シマウマ
cebra
飼料
alimento para animales
パンダ
oso panda

動物

animales

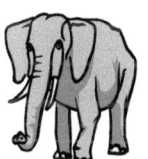

象

elefante

カンガルー

canguro

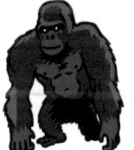

サイ

rinoceronte

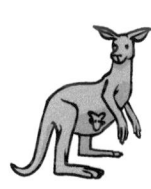

ゴリラ

gorila

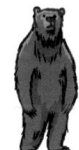

熊

oso

ラクダ

camello

ダチョウ

avestruz

ライオン

león

猿

mono

フラミンゴ

flamenco

オウム

loro

白クマ

oso polar

ペンギン

pingüino

サメ

tiburón

クジャク

pavo real

蛇

serpiente

ワニ

cocodrilo

飼育係

cuidador del zoológico

アザラシ

foca

ジャガー

jaguar

ポニー

poni

ヒョウ

leopardo

カバ

hipopótamo

キリン

jirafa

鷲

águila

雄豚

jabalí

魚

pescado

亀

tortuga

セイウチ

morsa

狐

zorro

ガゼル

gacela

動物園 - zoológico

アメフト
fútbol americano

サイクリング
ciclismo

テニス
tenis

バスケットボール
básquet

水泳
natación

ボクシング
boxeo

アイスホッケー
hockey sobre hielo

サッカー
fútbol

バドミントン
bádminton

陸上競技
atletismo

ハンドボール
handball

スキー
esquí

ポロ
polo

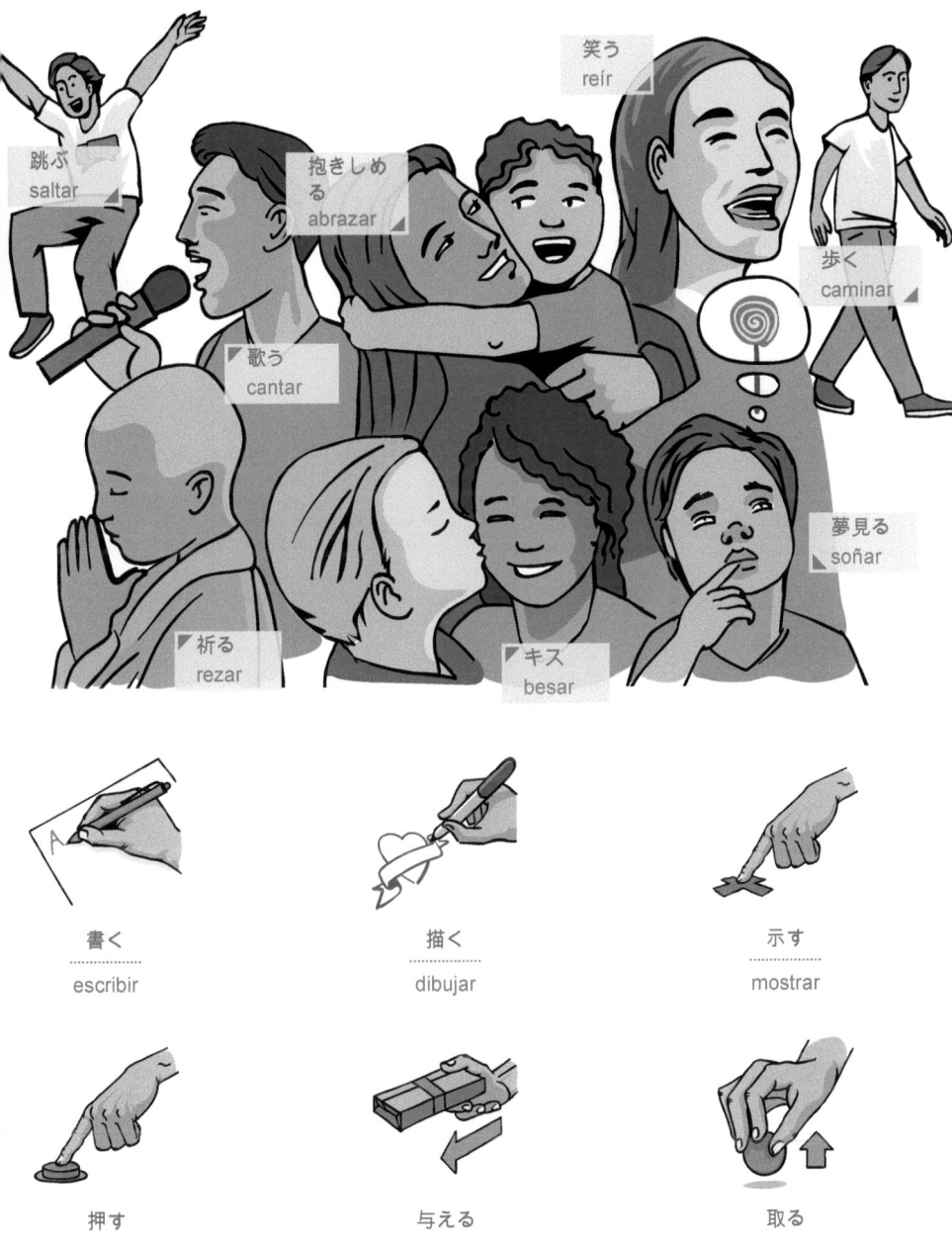

跳ぶ
saltar

抱きしめる
abrazar

笑う
reír

歩く
caminar

歌う
cantar

祈る
rezar

キス
besar

夢見る
soñar

書く
escribir

描く
dibujar

示す
mostrar

押す
presionar

与える
dar

取る
tomar

持っている
tener

する
hacer

ある
ser

立つ
estar parado

走る
correr

引く
tirar

投げる
tirar

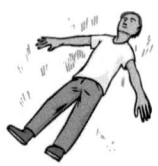

落ちる
caer

横たわっている
estar acostado

待つ
esperar

運ぶ
llevar

座る
estar sentado

着る
vestirse

眠る
dormir

目が覚める
despertar

見る

mirar

泣く

llorar

なでる

acariciar

櫛ですく

peinar

話す

hablar

理解する

entender

質問する

preguntar

聞く

escuchar

飲む

beber

食べる

comer

片づける

ordenar

愛する

amar

料理する

cocinar

運転する

manejar

飛ぶ

volar

ヨットに乗る

navegar

計算する

calcular

読む

leer

学ぶ

aprender

働く

trabajar

結婚する

casarse

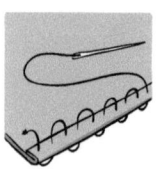

縫う

coser

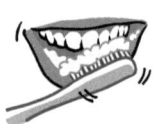

歯を磨く

cepillarse los dientes

殺す

matar

喫煙する

fumar

送る

enviar

祖母
abuela

祖父
abuelo

父
padre

母
madre

赤ん坊
bebé

娘
hija

息子
hijo

お客様

invitado

おば

tía

おじ

tío

兄弟

hermano

姉妹

hermana

体

cuerpo

ひたい
frente
目
ojo
肩
hombro
指
dedo
顔
cara
あご
pera
手
mano
脚
pierna
胸
pecho
腕
brazo

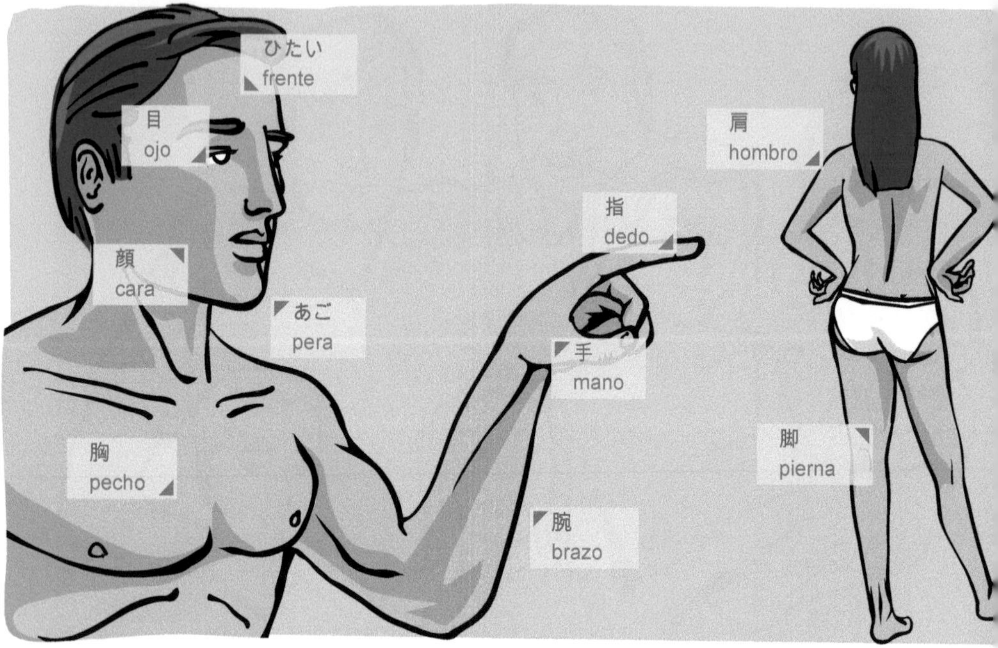

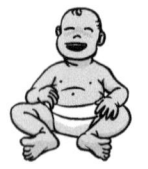

赤ん坊

bebé

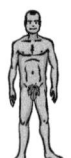

男性

hombre

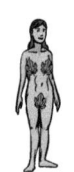

女性

mujer

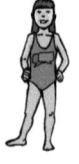

少女

nena

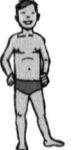

少年

nene

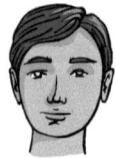

頭

cabeza

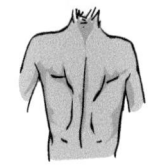

背中
espalda

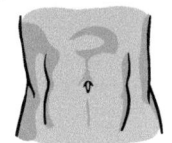

腹
panza

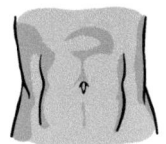

へそ
ombligo

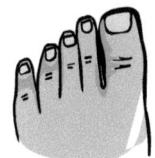

足指
dedo del pie

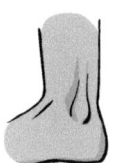

かかと
talón

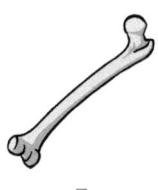

骨
hueso

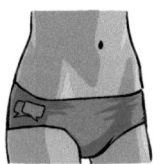

腰
cadera

ひざ
rodilla

ひじ
codo

鼻
nariz

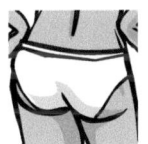

尻
cola

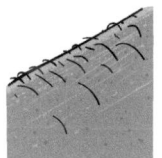

皮膚
piel

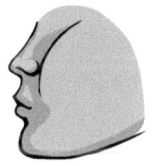

頬
cachete

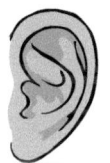

耳
oreja

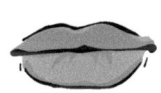

唇
labio

体 - cuerpo

口

boca

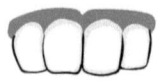

歯

diente

舌

lengua

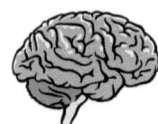

脳

cerebro

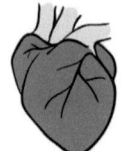

心臓

corazón

筋肉

músculo

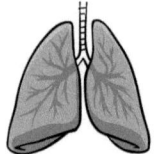

肺

pulmón

肝臓

hígado

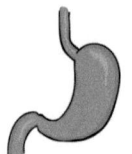

胃

estómago

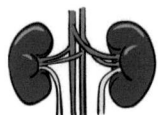

腎臓

riñones

セックス

sexo

コンドーム

preservativo

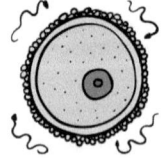

卵細胞

óvulo

精液

semen

妊娠

embarazo

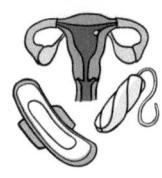

月経

menstruación

膣

vagina

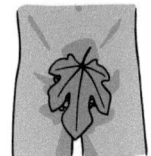

ペニス

pene

眉

ceja

髪

pelo

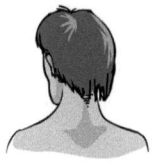

首

cuello

病院

hospital

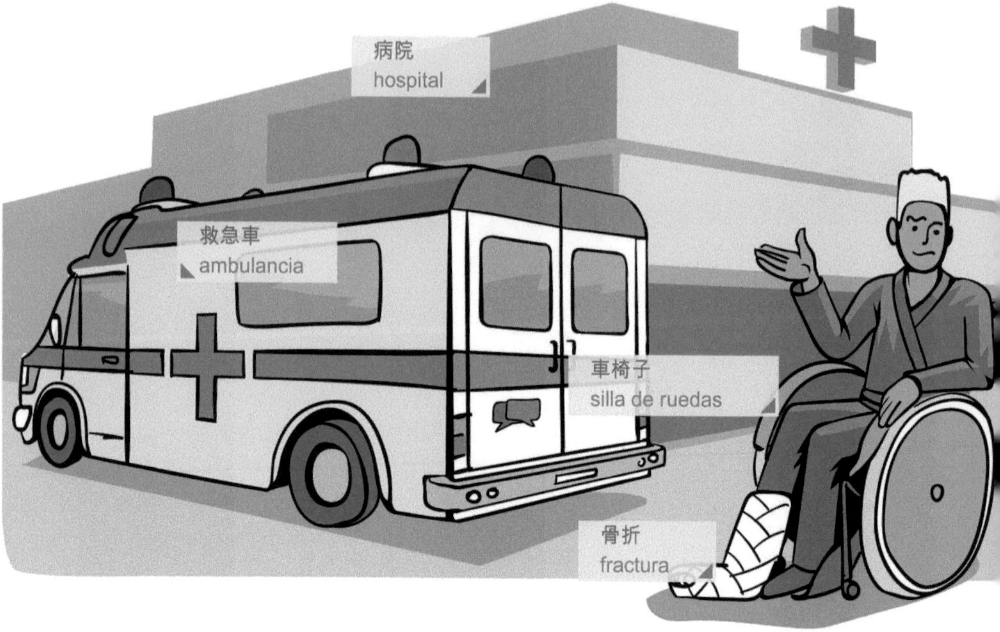

病院
hospital
救急車
ambulancia
車椅子
silla de ruedas
骨折
fractura

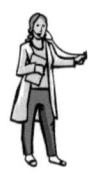

医師

médico

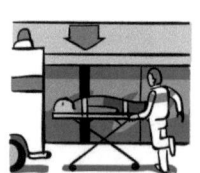

救急治療室

sala de guardia

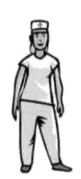

看護師

enfermera

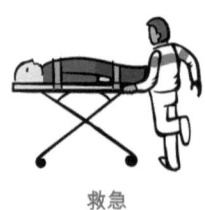

救急

emergencia

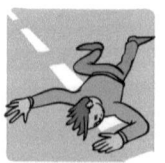

失神

inconsciente

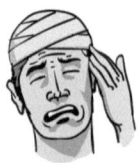

痛み

dolor

けが

lesión

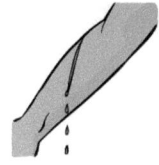

出血

hemorragia

心臓発作

infarto

脳卒中

ACV

アレルギー

alergia

咳

tos

熱

fiebre

インフルエンザ

gripe

下痢

diarrea

頭痛

dolor de cabeza

癌

cáncer

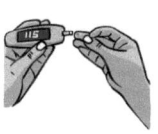

糖尿病

diabetes

外科医

cirujano

外科用メス

bisturí

手術

operación

CT
TC

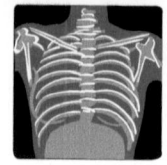

レントゲン
rayos x

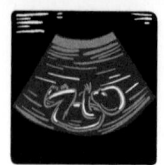

超音波
ecografía

マスク
barbijo

病気
enfermedad

待合室
sala de espera

松葉づえ
muleta

ばんそうこう
curita

包帯
venda

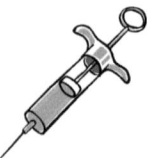

注射
inyección

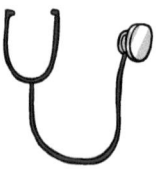

聴診器
estetoscopio

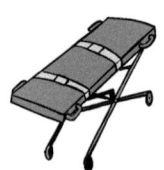

担架
camilla

体温計
termómetro

出産
nacimiento

肥満
sobrepeso

補聴器
audífono

消毒剤
desinfectante

感染
infección

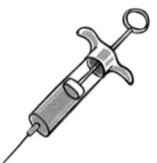

ウイルス
virus

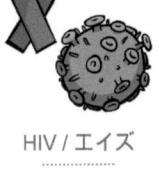

HIV / エイズ
VIH / SIDA

内服薬
remedio

予防接種
vacunación

錠剤
comprimidos

ピル
pastilla anticonceptiva

緊急電話
llamada de emergencia

血圧計
tensiómetro

病気の　/　健康な
enfermo / sano

助けて！

¡Ayuda!

アラーム

alarma

暴行

agresión

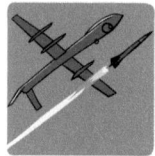

攻撃

ataque

危険

peligro

非常口

salida de emergencia

火事だ！

¡Fuego!

消火器

matafuego

事故

accidente

救急箱

botiquín de primeros
auxilios

SOS

SOS

警察

policía

ヨーロッパ

Europa

北米

América del Norte

南米

América del Sur

アフリカ

África

アジア

Asia

オーストラリア

Australia

大西洋

Atlántico

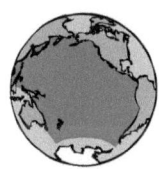

太平洋

Pacífico

インド洋

Océano Índico

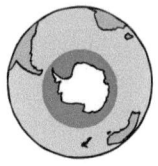

南極海

Océano Antártico

北極海

Océano Ártico

北極

polo norte

南極

polo sur

南極大陸

Antártida

地球

Tierra

陸

tierra

海

mar

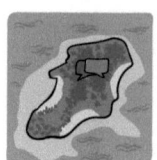

島

isla

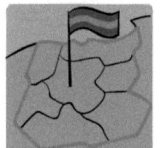

国家

nación

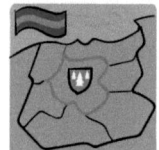

国家

estado

文字盤
esfera

短針
manecilla de las horas

長針
minutero

秒針
segundero

何時ですか？
¿Qué hora es?

日
día

時間
hora

現在
ahora

デジタル時計
reloj digital

分
minuto

時間
hora

週

semana

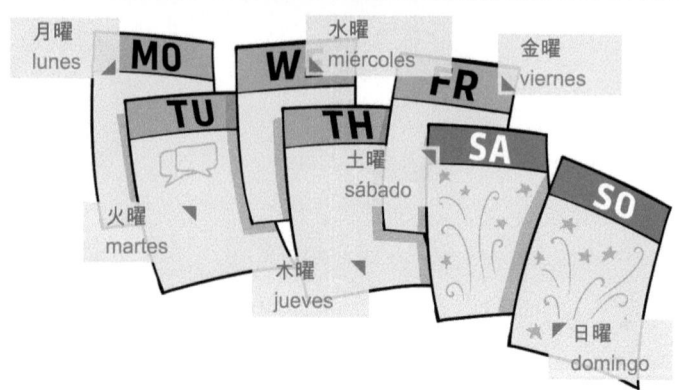

月曜 lunes
火曜 martes
水曜 miércoles
木曜 jueves
金曜 viernes
土曜 sábado
日曜 domingo

昨日
ayer

今日
hoy

明日
mañana

朝
mañana

昼
mediodía

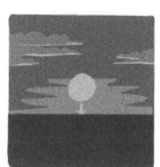

夜
tarde

営業日
días hábiles

週末
fin de semana

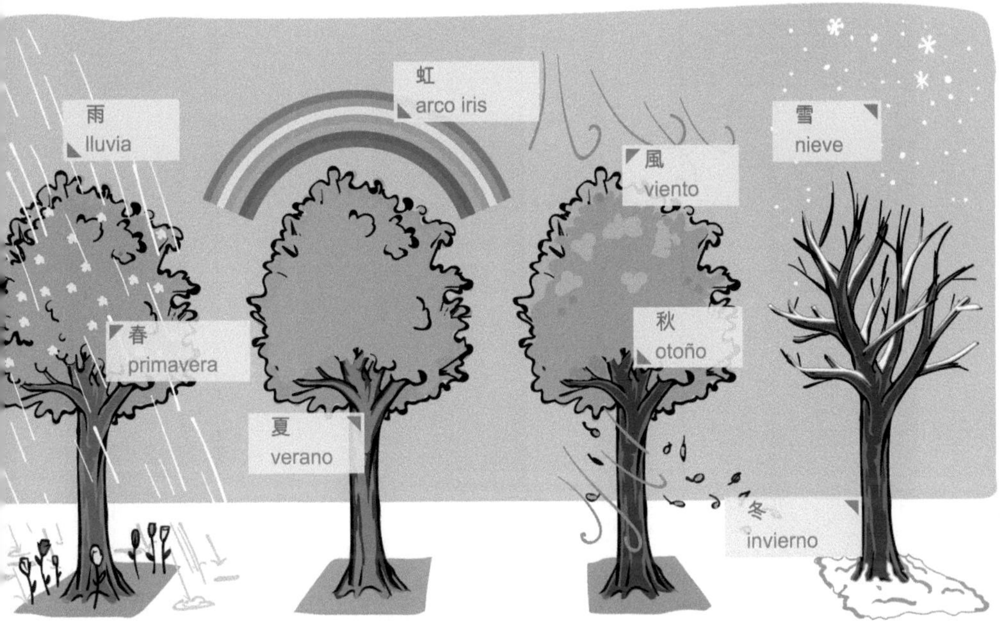

año

雨
lluvia

虹
arco iris

風
viento

雪
nieve

春
primavera

秋
otoño

夏
verano

冬
invierno

天気予報

ronóstico meteorológico

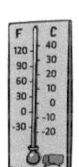

温度計

termómetro

日差し

luz del sol

雲

nube

霧

niebla

湿度

humedad

雷

rayo

雷

trueno

嵐

tormenta

ひょう

granizo

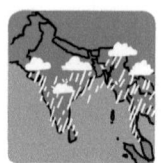

季節風

monzón

洪水

inundación

氷

hielo

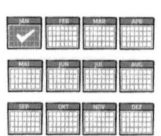

1月

enero

2月

febrero

3月

marzo

4月

abril

5月

mayo

6月

junio

7月

julio

8月

agosto

年 - año

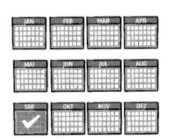

9月
....
septiembre

10月
....
octubre

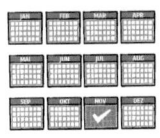

11月
....
noviembre

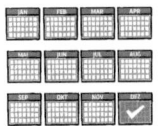

12月
....
diciembre

形

formas

円
....
círculo

正方形
....
cuadrado

長方形
....
rectángulo

三角
....
triángulo

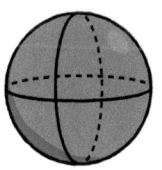

球
....
esfera

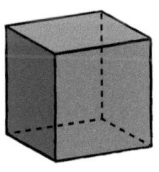

立方体
....
cubo

白

blanco

黄

amarillo

オレンジ

naranja

ピンク

rosa

赤

rojo

紫

violeta

青

azul

緑

verde

茶

marrón

灰色

gris

黒

negro

多い / 少ない
mucho / poco

怒っている /
落ち着いている
enojado / tranquilo

美しい / 醜い
lindo / feo

初め / 終わり
principio / fin

大きい / 小さい
grande / chico

明るい / 暗い
claro / oscuro

兄弟 / 姉妹
hermano / hermana

清潔な / 汚い
limpio / sucio

完全な / 不完全な
completo / incompleto

日中 / 夜
día / noche

死んだ / 生きている
muerto / vivo

幅広い / 狭い
ancho / angosto

食べられる　/
食べられない
comestible / no comestible

悪意のある　/　親切な
malo / amable

興奮している　/
退屈じている
entusiasmado / aburrido

太った　/　痩せた
gordo / flaco

最初に　/　最後に
primero / último

友人　/　敵
amigo / enemigo

いっぱいの　/　空の
lleno / vacío

硬い　/　柔らかい
duro / blando

重い　/　軽い
pesado / liviano

空腹　/　喉の渇き
hambre / sed

病気の　/　健康な
enfermo / sano

違法な　/　合法な
ilegal / legal

賢い　/　愚かな
inteligente / estúpido

左に　/　右に
izquierda / derecha

近い　/　遠い
cerca / lejos

新しい ／ 中古の
nuevo / usado

何もない ／ 何かある
nada / algo

老いた ／ 若い
viejo / joven

オン ／ オフ
encendido / apagado

開いている ／
閉まっている
abierto / cerrado

静かな ／ うるさい
silencioso / ruidoso

裕福な ／ 貧乏な
rico / pobre

正しい ／ 間違っている
correcto / incorrecto

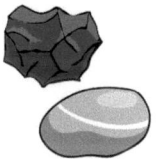

粗い ／ なめらか
áspero / suave

悲しい ／ 幸せな
triste / contento

短い ／ 長い
corto / largo

ゆっくり ／ 速い
lento / rápido

濡れた ／ 乾いた
mojado / seco

温かい ／ 冷たい
caliente / frío

戦争 ／ 平和
guerra / paz

反対 - opuestos

0

ゼロ

cero

1

1

uno

2

2

dos

3

3

tres

4

4

cuatro

5

5

cinco

6

6

seis

7

7

siete

8

8

ocho

9

9

nueve

10

10

diez

11

11

once

12	**13**	**14**
12	13	14
doce	trece	catorce
15	**16**	**17**
15	16	17
quince	dieciséis	diecisiete
18	**19**	**20**
18	19	20
dieciocho	diecinueve	veinte
100	**1.000**	**1.000.000**
100	1000	100万
cien	mil	millón

英語

inglés

アメリカ英語

inglés americano

中国標準語

chino mandarín

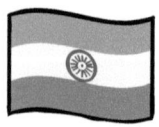

ヒンディー語

hindi

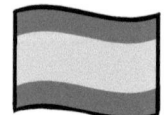

スペイン語

español

フランス語

francés

アラビア語

árabe

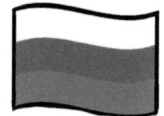

ロシア語

ruso

ポルトガル語

portugués

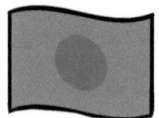

ベンガル語

bengalí

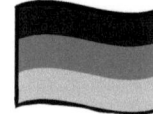

ドイツ語

alemán

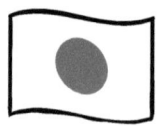

日本語

japonés

私
yo

あなた
vos

彼 / 彼女 / それ
él / ella

私たち
nosotros

あなたたち
ustedes

彼ら
ellos

誰？
¿quién?

何？
¿qué?

どうやって？
¿cómo?

どこ？
¿dónde?

いつ？
¿cuándo?

名前
nombre

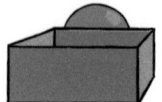

後ろ

detrás

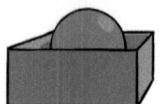

中

en

前

adelante de

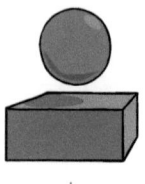

上

por encima de

上

sobre

下

debajo de

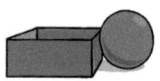

横

al lado de

間

entre

場所

lugar